FSC
www.fsc.org

MIX

Papier aus ver-
antwortungsvollen
Quellen
Paper from
responsible sources

FSC® C105338

Christina Mülling

Gottes-Schimmer

Verdichtete Gottsuche

Reihe: Gottes-Verdichtungen, Band 3

Bibliografische Information der Deutschen Nationalbibliothek

Die Deutsche Bibliothek verzeichnet diese Publikation in der Deutschen Nationalbibliografie; detaillierte bibliografische Daten sind im Internet über <http://dnb.ddb.de> abrufbar.

1. Auflage 2018

Herstellung und Verlag: Books on Demand, Norderstedt

ISBN 978-3-7460-5579-4

Bildnachweis: Sr. M. Pietra Löbl, Christus in der Baumscheibe © Kloster Sießen, Bad Saulgau

Grafikdesign: Sr. Anna Barbara Regnat, Kloster Sießen

Gottes-Schimmer im Alltagsgrau

Alltagsgrau 1

Suche Gott
nicht im Besonderen
suche ihn
im Alltäglichen

durchdringe es
mit Sehnsuchtsflügeln
durchlausche es
mit Seelenohren
durchschaue es
mit Herzensblick

bis dir langsam
sein Angesicht
entgegenschimmert
im Alltagsgrau

Alltagsgrau 2

Im Alltagsgrau
nach den Farben Gottes schürfen
die unscheinbar versteckt
dem Sehnsuchtsauge aufblitzen
um sogleich wieder zu verschweben
im Alltagstrott
einen Duft von Mehr
nach sich ziehend

Gott-Sucher

Im Sinngewebe des Lebens
nach dem einen Faden suchen
an dem alles hängt
von dem alles abhängt
mit dem alles zusammen hängt
um sich an ihm durch das Leben zu hangeln
über Abgründe hinweg
durch Höhen und Tiefen hindurch
am seidenen Faden hängen
und spüren:

Er trägt!

Nadelöhr Armut

Die Sehnsucht
dein Angesicht zu schauen
genügt
um heilig zu werden

Du erwartest
keine großen Heldentaten
kein Martyrium
und keinen Heiligenschein

Die Armut
hast du erwählt
um sie mit deinem Reichtum
zu erfüllen

Nur wer begriffen hat
die Armut als Reichtum
vor dir zu sehen
kommt durch das Nadelöhr

Brunnenpunkt 1

Worte durchlauschen
leere Klanghüllen entfernen
und zum Brunnenpunkt gelangen
an dem sie lebenssatt
der ewigen Quelle entspringen

Wort-Suche

Wort-Suche
nach Wirklichkeit fischen
im Dazwischen
des Sprachwirrwars

Wort-Suche
nach dem einen Wort
dem Erstgesprochenen
in dem die Sehnsucht wohnt
und die Seele
Heimat findet

Zwischen den Zeilen 1

Wörter können dich nicht fassen
sie sind zu klein zu eng zu hart
nur zwischen den Zeilen
lässt du dich erahnen
in den Leerräumen
die sich für die Unendlichkeit öffnen

Zwischen den Zeilen
versuche ich dich zu lesen
versteckt in Geheimworten
die nur die Seele versteht
die verblassen
sobald man sie ergreift

Zwischen den Zeilen
schimmerst du durch
und entzieht dich immerfort
du Unbegreiflicher

Zwischen den Zeilen 2

Das Wesentliche
lässt sich nicht in Worte fassen
geheimnisvoll
schwebt es zwischen den Zeilen
dort
musst du es herauslesen

Online

Online mit Gott
unsichtbar verbunden
über Höhen und Tiefen hinweg
auf einer Linie mit ihm
dem FernNahen

Tage der Stille

Tage der Stille
wie Samenkörner gestreut
in die Ackerfurchen des Alltags
in der Hoffnung
dass sie keimen und
wurzeln und
Frucht bringen
die die Seele nährt

Abschalten

Abschalten
den Hebel umlegen
hochtouriges Leben herunterfahren
nach außen verlagerte Energien
nach innen sammeln
achtsam werden
auf die leisen Regungen
der Seele
auf das geheime Wispern
des Geistes
auf den Atem Gottes
in der Welt

Gehen

gehen
dein Gehen gehen
deine Gangart
dein Tempo
deinen Rhythmus finden

gehen
weggehen
und Weggefährten finden
umgehen
und umgänglich werden
aufgehen
und sich entfalten

gehen
sein Gehen gehen
der Weg ist das Ziel:

Christus

Tat-Sachen

Lebenshaus
gegründet auf
Wortfundament
ob es trägt
zeigt die Tat
Tatsachen festigen
Worthülsen

Das Erwachen

Mühsam steigt das Bewusstsein auf
aus den Traumbildern des Schlafes
umwallt von bildlosen Nebeln
stemmt sich gegen den Morgen
der bleischwer auf den Gliedern lastet
um sich neu dem Leben zu öffnen
und zu sich zu kommen

Dichters Brot

Den erhaschten Augenblick
in sinngefüllte Worte hüll'n
sodass er lebt
weit über das Jetzt hinaus –
des Dichters Brot!

Lauschen mit Seelenohren

Seelenohren

In die Stille hinein
spitzt meine Seele die Ohren
und lauscht
auf das Schweigen Gottes
das beredt
aus der Tiefe steigt

Durchwoben vom Wort

Lausche auf die Stille
sie ist durchwoben
von Gottes Wort
das jenseits des Begreifens
der Liebe entspringt
und dir entgegenwächst

Beschimmert vom Glanz

Beständig kreisen
meine Worte um dich
hoffnungsvoll
dich zu fassen

doch du entziehst dich
Unbegreiflicher
Unantastbarer

leer kehren sie zurück
doch ihr Schweigen ist
beschimmert von deinem Glanz

Wortursprung

Wortlos
spricht mein Herz zu dir
sprachlos
lauscht es
zum Wortursprung:

Du!

Klangschale Herz

Gieße deinen Klang
in meine Herzensschale
erfülle mein Leben
mit deinem Gesang
befreie mein Denken
aus ausgetretenen Wortwegen
hilf mir einzutauchen
in Lebenswasser

Nachtgrenze

An der Grenze der Nacht
wo der Tag aus der Finsternis blaut
und warmes Sonnenlicht
behutsam den Horizont erobert
verharre ich
zwischen Himmel und Erde
und schweige mich dir entgegen

Himmelsklang

Worte
vernotet
zum Lobgesang
steigen empor
verschmelzen
mit Himmelsklang

Gottesmelodie

Die Gottesmelodie
die versteckte
in der Stille suchen
sie herauslauschen
aus den Verborgenheitsfalten
die das Heilige beschützen
und sich ihrem Klang hingeben
bis die Seele trunken
eins wird
mit ihr

Lebenslinien

Behutsam leise
mit Seelenspitzen
erspürst du meine Lebenslinien
das Auf und Ab
die Um- und Irrwege
die Biegungen und Wendungen
und formst daraus
meine einmalige Gestalt
durch die sich dein Klang verströmt

Herzensohren

Mit Herzensohren
voll Zuneigung nach Innen
zum Quellgrund lauschen
dem leise das Leben entspringt
heilsam und freudenreich
um dürstendes Land zu tränken
das stumm nach seinem Erlöser schreit

Lobpreis des Allerbarmenden

wie ein kleid
umhüllt mich deine liebe
hautnah
umschmeichelt dein lebensodem
meine seele
und lockt sie
dem licht entgegen

einladend ruft
vogelsang
zum lobpreis
des allerbarmenden

Augen-Blick

Gehimmelt und
geerdet
ganz
im Jetzt
im Augen-Blick
empfange ich mich
von dir
immer wieder
neu

Socken voller Liebe

Sich innerlich auf die Socken machen
geleitet vom langen Atem des Gebets
vorbeiwandern
an den Klippen der Zerstreuung
der langen Weile
dem Geheimnis in mir
Raum geben
und verweilen im Augenblick
um gewandelt
mit Socken voller Liebe zurückzukehren
in den Alltag

Wo fliegst du hin?

Meine Seele
wo fliegst du hin?
Warum hüpfst du unstet von Ast zu Ast
und findest deinen Ruheplatz nicht
in dem
der dich hält und liebt?

Einwohnung

In der Stille
die leisen Winkel des Lebens aufsuchen
abseits der Lärmzonen des Alltags
auf das Geheimnis lauschen
das leise aufblüht
im innersten Kern:

Du in mir
und ich in Dir!

Gegenseitige Einwohnung
Liebe!

Floß des Schweigens

loslassen
Gedanken und Sorgen
sich treiben lassen
auf dem Floß des Schweigens
gegen den Strom
um zur Quelle zu gelangen
der das Leben entspringt

Verschwebender Gottesklang

Sich von der
L e e r e
zwischen den Buchstaben
und Worten
in die Tiefe verlocken lassen
auf die Stille lauschen
durch die der verschwebende Gottesklang
ans Herz tönt

Seelenatem

Zärtlich leise
birgst du meine Seele
in deiner Liebe
und hauchst ihr
Augenblick für Augenblick
neues Leben ein
Seelenatem
der mich durchweht

Lockruf des Lebens

Sehnsucht
Lockruf des Lebens
verheißungsvolle Lebensmelodie
die von ferne
an die Seele rührt
und einlädt zum Tanz
in Freud und Leid
Gelingen und Scheitern
der Ewigkeit entgegen

Sammle mich ein

Herr
sammle mich
aus der Zerstreuung
sammle mich
in dir

die atomisierten Gedanken
das zerrissene Herz
die ruhelose Seele
sammle ein

eine mich in dir
zur Ganzheit
in der du aufstrahlst

Schonraum nicht gesagter Worte

Meine Seele zieht ein
ins Schweigen
dem Schonraum
nicht gesagter Worte
sammelt sich in dir
und atmet tief aus

Ich darf sein!

Aug und Ohr

Lauschen
mit Seelenohren
radargleich
das Stimmenwirrwar der Zeit
durchforsten

Gottesgegenwart
in die Einsamkeit heruntersehnen
Fokussierung
aller Kräfte auf das Wesentliche
das dem Herzen Richtung gibt

In den Zeichen der Zeit
den Willen Gottes erlauschen
aus dem Stimmenwirrwar der Meinungen
das Säuseln des Geistes herausfiltern
im Anblick des Aussätzigen
Christus erkennen

Ganz Aug und Ohr werden
damit Er ankommen kann
im Leben

Wer bist du?

Wer bist du
Unaussprechlicher
Unbegreiflicher
Unansehlicher
der du die Herzen
an dich ziehst
in die Dunkelheit
des Unfassbaren?

Gottesgeschmack

Unheilbar
infiziert von deiner Liebe
trage ich den Gottesgeschmack
auf meiner Zunge
der alles fad schmecken lässt
was nicht nach Leben schmeckt
und nach dir

Gottes-Sehnsucht 1

Gottes Sehnsucht
nach mir
eingehaucht
in meine Seele
wo sie mich
durchatmet und durchwirkt
zum Leben erweckt
und Gottessehnsucht gebiert

Brunnenpunkt 2

Brunnenpunkt
aus dem alles entspringt
Freude und Leid
zu dem alles zurückkehrt
Lebensquelle
unversiegbar
eingeschrieben meinem Herzen

Auf Zehenspitzen

Leise
auf Zehenspitzen
klopfst du an
an unseren Herzen
hoffst auf Einlass
auf Wohnung und Bleibe
um uns zum Dach zu werden
über unserer Seele
zum Schutz
in rauen Lebensstürmen

Göttlicher Friede

Göttlicher Friede uns
ins Herz gesprochen
in die Hände gelegt
um überzuspringen
in Dunkelheit und Not
in Kriegsgebiete und Flüchtlingslager
in Feindschaft und Unversöhnlichkeit
in Fremdenfeindlichkeit und Hass

Werden wir uns ihm öffnen?
Werden wir ihn bringen
damit die Welt heller wird?

Du bist da

Du bist da!
Zart schimmert dein Antlitz
durch die Schönheit der Schöpfung
und prägt ihr dein Siegel auf

Du bist da!
Sanft weht dein Geist durch den Äther
und umhüllt alles was lebt
mit Liebe

Du bist da!
Machtvoll erhebt sich dein Wort
in der verschwebenden Stille
und spricht dich flüsternd in die Welt

Du bist da:
In mir
um mich herum
überall!

Gottes-Geheimnis

Gottes-Geheimnis

fest verwurzelt
und doch bewegt

ganz bei mir
und doch offen

Gott-voll
und doch mit leeren Händen

gebrochen
und doch heil

Gottes-Geheimnis in mir!

Gottes-Bildnis

Du kennst meinen Namen
eingeschrieben ist er
in dein Herz
randvoll gefüllt mit deinen Träumen
die mein Leben durchwehen und durchformen
bis das Bild heraus leuchtet
das du für mich erdacht

Allerbarmender

Allerbarmender
in deinem Blick
verstummt
bittere Selbstanklage
lösen sich
Fesseln vergangener Schuld
wandelt sich
Scheitern in Gnade
werden Hände und Herz neu
zum Leben befreit
Zukunft zu empfangen
aus Erbarmen

Gottes-Sehnsucht 2

Deine Sehnsucht nach mir
macht mich mir wertvoll
schenkt mir Würde und Schönheit
befreit mich zum Leben in Fülle
weckt in mir Gottessehnsucht
die mich aufbrechen lässt
immer wieder
um deine Spuren zu suchen
in meinem Leben
in dieser Welt

Gottes Wort

Gottes Wort
ins Mark gebrannt
alles durchdringend
alles durchformend
um neu geboren zu werden
durch Liebestat

Voll-Macht zum Menschsein

All-Macht
aus der Hand gegeben

Liebes-Macht hinein verdichtet
in eine Hand voll Mensch

Voll-Macht zum Menschsein
uns übereignet

Einsamkeit

Einsamkeit
Sogkraft
die Menschen einsaugt
und bindet
in Abhängigkeit versklavt

Erst wenn sie erfüllt wird
von innen her
öffnet sie sich wieder
für die Freiheit der Liebe

Nahtstelle der Nacht

An der Nahtstelle
von Nacht und Tag
erhebt sich Vogelsang
aus hundert Kehlen
kündet den nahenden Morgen
bis er sich lichtvoll
über den Horizont schiebt
und die Finsternis begräbt

Glaubensritzen

Glaubensritzen
hinein gesprengt in
WissensScheinsicherheit
Dunkelorte des Nicht-Wissens
die den Sinn beschützen
das Geheimnis
von Leben und Tod
Freud und Leid
Wurzelgrund
der Hoffnung

Sorgen

Sorgen
die quälenden
abends auf das Sofa betten
und ruhig schlafen gehen
auch unbewacht
sind sie morgen noch da

Flügel der Sehnsucht

Meine Seele
strecke die Flügel der Sehnsucht aus
erhebe dich
aus den Zwängen des Lebens

Male deine Farben
an die grauen Wände des Alltags
erfülle die Luft
mit deinem Gesang

Träum dich hinweg
über vorgegebene Grenzen
nimm das Traumland in Besitz
das dir neue Welten eröffnet

Sehnsucht

Zu klein ist die Welt
als dass sie die Sehnsucht fassen könnte
die ständig ausgreift
nach dem Mehr
das jenseits dunkelt allen Seins
und immer wieder neu
Hoffnung nach Heil
nach Leben und Liebe
an die Ufer des Lebens spült

Spiegel

Spiegel
willst du mir sein
um mich neu zu entdecken
in deinem liebenden Blick

Mein Gesicht in deinem Gesicht
mein Leben in deinem Leben
mein Herz in deinem Herzen
meine Seele in deiner Seele
und in der Tiefe erfahren:

Ich darf sein
wie ich bin!

Ich darf werden
wie du mich siehst!

Ich darf leben
in deiner Liebe!

Dein Ansehen macht mich schön

Schön hast du mich geschaffen
in meiner Mutter Schoß
hat deine Liebe mich geformt
geschaffen
zur Schönheit
zur Freude
zum Leben in Fülle bestimmt

Wo ich mich nicht annehmen kann
liebst du mich schön

Wo ich mich verliere
liebst du mich heim

Wo ich versage
richtest du mich neu auf

Du lässt nicht ab
von meiner Schönheit vor dir!

Im Blick deiner Liebe
darf ich meine Schönheit
entdecken
annehmen und entfalten
dein Ebenbild werden
der du selbst die Schönheit bist!

Gaudete

Der Quellgrund liegt in dir
aus dem Leben
Heil und Freude kommt
hier gilt es zu schürfen
die Quelle freizulegen
überfließender Freude

Lob des
Widerständigen

Bruder Zweifel

Bruder Zweifel
du Tiefgängiger
jäh stoppst du den Lauf
scheinbarer Gewissheit
damit sie nicht zum Irrweg wird

Du pochst an verhärtete Dogmen
bis die versteinerte Kruste wegbricht
und lebendiger Glaube hervortritt

Du kratzt am frommen Schein der Ideologien
bis die Scheinheiligkeit abfällt
die die Gottes-Wahrheit verdeckt

Du erschütterst Lehrgebäude
bis die Verallgemeinerungszügel fallen
und lebendige Gotteserfahrung freigesetzt wird

Du rennst gegen Geist-lose Gesetzlichkeit an
bis Selbstgerechtigkeitsbarrikaden fallen
und Liebe wieder aufblüht

Du stürzt die Machbarkeit vom Thron
und er-Innerst uns
dass alles Gnade ist

Bruder Zweifel
Hand in Hand mit Schwester Liebe
will ich mit dir durchs Leben gehen

Zweifel 1

Schicht um Schicht
entblättert
von alten Gottesbildern
und leeren Kirchenhülsen
dunkelst du in mir
und hüllst mich in
Fragen und Zweifel

Zweifel 2

Zweifel
klopft die Wände meines Glaubens ab
entlarvt die Hohlstellen
die übertünchten
gibt sich nicht zufrieden
mit schön gemalten Erklärungen
und zurechtgebogenen Glaubenssätzen
bohrt tiefer
bis zum Seins-Grund

Glaube 1

Glaube
windgebeutelter
zweifelzerzauster
kann ich dir trauen
in der Finsternis meines Herzens
wenn ich blind tastend
durch Nebelfelder gehe
mir der Sinn
durch die Finger rinnt
und mein Schrei nach Gott
im Nichts verhallt?

Glaube 2

Glaube
alles durchdringender
Durchblick des Herzens
zweifelnd schärfst du dein
Profil

Finsternis

Finsternis
alles verschlingende
Angst und Unsicherheit
gelichtet verlierst du dein
Schreckensgesicht

Dunkelkammern der Erinnerung

Geduldig schürfen
in Dunkelkammern der Erinnerung
um Bilder und Erfahrungen zu heben
die seit Jahrzehnten eingelagert
und vergessen
heimlich das Leben prägen

Angstkrusten absprengen
Schamschleier beiseiteschieben
Lebenskraft befreien
aus jahrelangem Winterschlaf

Angst 1

Angst
kriecht aus den Winkeln
des Neuaufbruchs
verbrüdert sich mit Schwachheit
und Unsicherheit
wickelt sich lähmend
um Hände und Beine
bis die Entschiedenheit
mit scharfen Schnitt
die Fesseln durchtrennt
und die Lunge
Freiheit atmet

Angst 2

Angst schlägt
Wunden schwären
im Dunkel der Seele
erstickt der Funke der
Selbständigkeit beugt sich
dem Anpassungsdruck
das schwache Ich
verstummt
in Fremdbestimmung

Schwester Enttäuschung

Schwester Enttäuschung
du Scharfsinnige
schmerzvoll trennst du den Schein vom Sein
verbrennst den Trug zu Asche
aus der geschärft das Sein ersteht
und uns nackt
den Weg zur Tiefe weist

Bruder Stolperstein

Bruder Stolperstein
du viel Getretener
anstößig liegt deine Andersartigkeit im Weg
bremst die Selbstgerechtigkeit
bringst die Selbstsicherheit zum Taumeln
die Fraglosigkeit zum Nachdenken
erschütterst festgefügte Bilder
und lässt sie aus dem Rahmen fallen

Du Mahnmal der Liebe
lädst ein
zum Tieferschauen
über das Vordergründige hinaus

Schwester Leid

Schwester Leid
du ungeliebte Türöffnerin
lange verbirgst du dein Wesen vor uns
doch einmal bei der Hand genommen
öffnest du den Zu-Grunde-Gegangenen
die Tür zur Liebe
die am Trotzdem gereift
über sich hinauswächst

Schwester Hoffnung

Schwester Hoffnung
du Leichtfüßige
wo du zu tanzen beginnst
verliert das Schwere seine Macht
geht am Horizont die Morgenröte auf
öffnen sich neue Denkräume
wechselt die Lebensmelodie
von Moll nach Dur
gerät Erstarrtes in Bewegung

Komm!
Tanz mit mir dein Hoffnungslied!

Weg-Begleiter

Egal ob Licht- oder Dunkelwege
Um- oder Irrwege
gerade oder verschlungene
du bist der Weg
und stiller Wegbegleiter
manchmal offensichtlich
oft verborgen
der im Werden
unser Werden leitet

Wer bist Du

Wer bist du?
Wer bin ich für dich?

Schenkst du mir genügend Nähe
um mich in dir zu finden
und genügend Distanz
um mich nicht in dir zu verlieren?

Bist du mir genügend vertraut
um bei dir zu Hause zu sein
und genügend fremd
um meine Sehnsucht nicht zu ersticken?

Wer bist du für mich?
Wer willst du für mich sein?
Du
unendlich nah
und unendlich fern
Wer bist du? Und wer bin ich?

Liebst du mich

Geworfen zwischen Treue und Treulosigkeit
zwischen Wollen und Versagen
Bindung und Freiheit
gefangen in der Scham eigener Schwachheit
ausgeliefert der Fliehkraft-Unentschiedenheit
trifft mich dein Wort:
Liebst du mich?

Im Licht dieser Frage
eingetaucht in deiner Liebe
erkenne ich mich
licht- und schattenhaft
und stammle ängstlich hoffnungsvoll:

Herr
du weißt alles
auch dass ich dich liebe!

Demut

Demut nicht Selbstverachtung
kann andre groß sein lassen
ohne dabei Schaden zu nehmen

Demut die um Würde weiß
kann auch den untersten Platz
würdigen

Würde – im Herzen Gottes verankert –
kennt weder Ehrenplatz
noch untersten

Der Schwachkraft
trauen

Angelpunkt der Mehrkraft

In mir
liegt der Angelpunkt
der Mehrkraft
an dem mühelos
die Welt
aus den Angeln gehoben wird
im Mit-Wirken
und Mit-Lieben
mit dir

Durch die Wunde gehen

Durch die Wunde gehen
Schmerz nicht scheuen
Aufrechnen lassen
in Gottes Herz eintreten
und sich wandeln lassen
von seiner Liebe
erfüllen lassen
mit seinem Frieden
als neuer Mensch
gesendet werden
in die Welt

Abstieg

wer engelsgleich
auf jakobsleitern
dir entgegen steigen will
der muss den abstieg wagen
im abgrund wartest du
demutgewandeter

Wahre Freiheit

In Anfechtung und Streit
Liebe bewahren
unverstanden und beschuldigt
trotzdem aufrecht und frei
stehen
zu sich stehen
zu den anderen stehen
und darin die wahre Freiheit finden

Der tragende Grund

Auch unter heftigen Stürmen
und tobenden Wassern
gibt es den Augen verborgen
einen tragenden Grund
der uns nicht versinken lässt
in der Bodenlosigkeit der Angst
sondern birgt
in der Stille deiner Gegenwart

Warum

Warum?
Der Schrecken lauert in allen Zellen
jederzeit bereit durch Poren zu kriechen
als blankes Entsetzen
den Lebensatem abzuwürgen

Von einem Moment auf den anderen
liegt alles in Scherben
Schönes versinkt im Dunkel blinder Wut
in jeder Herzfalte nistet die Angst
vor dem nächsten Mal
Warum?

Umsturz

geschriebene wörter schreien
laut aus verschlossenen büchern
gehen selbst tauben ohren zu herzen
vor blinden augen
lichtet sich die finsternis
schwerenöter werden gestürzt
unterdrückte atmen auf
kleines wird groß an bedeutung
großes schrumpft auf normales zusammen
wahrnehmungsumsturz
gebiert neues

Kampfplatz Seele

Kampfplatz Seele
hin- und hergerissen zwischen
Freiheit und Bindung
Selbstaufgabe und Selbstbewahrung
Hingabe und Eigenliebe
Zwang und Selbstbehauptung
Verantwortung und Verantwortungslosigkeit
Minenfeld Menschwerdung
Lebens-Aufgabe

Anerkenne deine Berufung

Anerkenne deine Berufung!
Deine Schwachheit und Ohn-Macht
deine Gebrochenheit und Schuld
bilden den Klangkörper
durch den Gottes Kraft
ungebrochen
in der Welt erklingt

Du grenzenloser Gott

Du grenzenloser Gott
steigst hinab
in meine Begrenztheit

Du liebreicher Gott
ergießt dich
in meine Ohnmacht

Du allmächtiger Gott
entäußerst dich
in meine Armut

Um mich zu füllen mit
maßloser Liebe
kraftvoller Ohn-Macht

Glückselige Armseligkeit!

Sehnsucht 2

Zu klein ist die Welt
als dass sie die Sehnsucht fassen könnte
die ständig ausgreift
nach dem Mehr
das jenseits dunkelt allen Seins
und immer wieder neu
Hoffnung nach Heil
nach Leben und Liebe
sanft an die Ufer des Lebens spült

Tanz mit dem Schatten

Wenn alles am Ende scheint
das Gelernte und Gewusste
ins Leere läuft
und du angekommen bist
am Nullpunkt der Ohnmacht
dann halte inne
und erlausche die leise Einladung
zum Tanz mit dem Schatten

Bypass ins Leben

Schwer auszuhalten
die Leere
zwischen
Tod und Leben
noch nicht und doch schon
das nachtvolle Geheimnis
der Wandlung
zu durchwandern

Es gibt keinen Bypass
ins Leben!

Schwachkraft

Nichts wissen
außer dem Gekreuzigten
ganz auf die Schwachkraft setzen
die von innen kommt
Dunkelschritte in den Seelenabgrund wagen
Nachtängste bannen
Geheimtriebe lichten
zu Grunde gehen
um gehimmelt zu werden

Grund-loser

Dort
wo wir zugrunde gehen
wartest du auf uns
Grund-loser
im Nichts der Vernichtung
um dich phönixgleich
mit uns zu erheben
aus der Asche des Lebens

Leere Hände

Wenn ich einmal ankommen sollte
bei dir
verschmähe nicht
die leeren Hände
denen das Bemühen
durch die Finger rann
füll sie
mit deinem Erbarmen
und wandle Armut
in Reichtum

Seiltanz des Lebens

Spanne dein Erbarmen aus
unter dem Seiltanz meines Lebens
dem Balanceakt zwischen Schein und Sein
zwischen Gelingen und Scheitern
damit ich nie tiefer falle
als in deine Hand

Zahlkarte Leben

Zahlkarte Leben

Was du auch tust
wie immer du dich entscheidest
du zahlst mit deinem Leben

Du zahlst nicht nur für das
was du getan gewagt
auch das Versäumte schlägt zu Buche

Ob es am Ende Lebens-satt und Liebe-voll
dir aus den Händen gleitet
es liegt in deiner Hand

Trampelpfad des Glücks

Behutsam
Schritt für Schritt
einen Trampelpfad bahnen
durch Lebensgestrüpp
sich verfangen in Erinnerungsdornen
stürzen in Beziehungsfallen
über den eigenen Schatten stolpern
und immer wieder auferstehen
sich an Farben und Formen freuen
Liebe empfangen und teilen
und Leben
leben
Trampelpfad des Glücks

Lebensspirale

spiralförmig
windet sich das leben
von stufe zu stufe
ziehen ähnliche motive
herausfordernd vorbei
bis sie endlich durchstanden
gelassen
durchschritten werden können
wohin?
in die tiefe oder weite?

Fruchtbarkeit

Fruchtbarkeit
kann man sich nicht selber geben
das Herz muss
von Sehnsucht ergriffen
offen steh'n
für den Ermöglicher
des Unmöglichen

Den roten Lebensfaden
vom Geist ergreifen lassen
Gott Wohnung und Bleibe bieten
im leeren Herzen
und fruchtbar werden
für andere

Doch das Schlüsselwort
das dem Erkennen entzogen
geheimnisvoll
das Leben erschließt
kann nur empfangen werden:

Du Glaubender bist gesegnet!

Farben der Liebe

regenbogengleich
liegen die Farben der Liebe
aufgefächert
vor der Schwelle zum Leben

Willst du sie überschreiten
so musst du eine erwählen
um mit ihr auch die anderen
tiefer zu fassen

Egal welche du wählst
sie wird dich wandeln
dein Herz weiten und füllen
mit ewiger Liebe

Doch erst im Zusammenklang aller Farben
leuchtet die ewige Liebe auf
zu deren Mit-Liebe
alle berufen sind

Benedictus

Das Heil der Welt
uns anvertraut
uns in die Hände gelegt
damit es wachse
und gedeihe
bis an die Ränder der Welt
und die Welt Gott-voll wird

Werden wir es fassen können?
Benedictus qui venit
in nomine domini!

Entlarvte Wahrheit

Gefangen
im Netz der Ansprüche
die von außen an mir zerren
ausgeliefert
den eigenen Ansprüchen
wie einer Zwangsjacke
unfähig sie zu kappen
um neu Freiheit zu gewinnen
hinter der Maske des Gut-Menschen
die eigene Wahrheit entlarven und
sich selbst finden

Ausstieg

Manchmal wünschte ich
aussteigen zu können
aus allen Verpflichtungen
und Beziehungen
die an mir zerren
und einmal nur
Ich sein
ganz bei mir
Zeit-los
Heimat finden

Was bleibt von mir?

Was bleibt von mir?

Wenn des Lebens Brot verzehrt
bis auf das letzte Korn
das Leben versickert
in alle Ewigkeit
und die Erinnerung an mich verweht
im Alltagswind

wenn alles abfällt
egal ob gut ob schlecht
und die Bedeutsamkeit versinkt
in dunkler Namenlosigkeit

Was bleibt von mir?

Werden dann noch Spuren bleiben
von mir im großen Lebensbuch?

Wird mein Geist noch weiterleben
beheimatet in liebenden Herzen?

Werden sich noch Spurenleser finden
die durchstoßen zum wahren Wesenskern?

Was bleibt von mir?
Du weißt es
mein Gott!

Gottes-Verhinderung

Gottes-Verhinderung

gottes-verhinderung
klare linien gezogen
die den geist einzäunen
menschen ausgrenzen
LINIENTREUE großgeschrieben

doch gottes-sehnsucht
züngelt durch mauerritzen
lässt sich nicht zähmen
nicht begrenzen
springt über
will liebe und heimat sein
FÜR ALLE

Grabenkampf im Kirchendschungel

Grabenkampf im
Kirchendschungel
der gute Wille ufert nicht

Wort für Wort
in den Abgrund gefallen
ohne ihn aufzufüllen

Nur die Sehnsucht
stimmt ihre Lieder an
und hüpft hinüber

Gott wundert sich

Über den Wolken
jenseits der Grenzen
von Konfessionen und Kirchen
von Recht- und Machthabern
wohnt Gott
im Licht der Wahrheit
und wundert sich

Der Geist weht wo er will

Unsere Hoffnung
könnt ihr nicht aufhalten
ihr Kirchenfürsten
und Gottverwalter
denn die Hoffenden
bewegt der Geist
der auch dort weht
wo ihr es nicht wollt!

Hoffnung hüpft

Die Hoffnung ist wie ein Kind
unbemerkt hüpft sie davon
weil sie bunte Blumen sieht
in Mauerritzen
und Schmetterlinge
in dürrem Kokon

Du musst in die Knie gehen
dich klein machen
um zu sehen
was sie sieht!

Glaubens-Verdunstung 1

der glaube
der verdunstete
schwängert unsichtbar die luft
gesättigt mit den farben gottes
wirbt atemzug für atemzug
um menschenherzen
in denen er kondensieren kann:

himmels-blau
hoffnungs-grün
glaubens-gold
liebes-rot

Glaubens-Verdunstung 2

Glaubens-Verdunstung
alte Strukturen aufgebrochen
Sinnzusammenhänge aufgelöst
um neu geordnet vernetzt zu werden
im Gottes-Dunst
dem menschlichen Zugriff entzogen:

Siehe ich mache alles neu!

Tradition 1

Tradition
verkrustet verkalkt
schwer wiegend
in der Kirche
schwer lastend
auf meinem Herzen
nur die Oberfläche bietest du uns
um ihr unsere Farbe aufzuhauchen:
Zartrosa und Blassgelb
kräftige Farben unerwünscht!

Und doch gibt es Lebensschlupflöcher
und Wurmspuren

Ja es wurmt
immer noch!

Tradition 2

Traditionshörigkeit
mumifiziert die Gegenwart

Traditionsbewusstheit
bietet ein Sprungbrett
in die Gegenwart
um sie mit Zeitgemäßem
neu zu durchweben

Gottes Verdunkelung

Gottes Verdunkelung
in heiligen Hallen
Heilmittel sorgsam verwahrt
im Götzenschrein der reinen Wahrheit
Randgestalten nur am Rand besucht
nicht in die Mitte geholt:

Nacht-Wandler gesucht

Weh euch

Weh euch
ihr Hochmütigen
die ihr euch alleine
auf dem richtigen Weg wähnt

Ihr sucht eure Sicherheit in einem
geschlossenen System
äußere Einheit ist euch wichtiger
als die Einheit der Herzen

Ihr urteilt nach dem äußeren Schein
und seht eure eigene Scheinheiligkeit nicht
ihr glaubt Gemeinschaft zu leben
und bekämpft einander mit kleinlichem Neid
ihr schreibt die Liebe auf eure Fahnen
und verurteilt erbarmungslos Anders-Artige
ihr sprecht von Nächstenliebe
und grenzt aus die euch in Frage stellen
ihr presst das Leben in eure Vorstellung
und geht am wahren Leben vorbei
ihr sprecht von Liebe
und lasst euch von ihr nicht ergreifen

Weh euch
ihr Selbstgerechten
denn ihr richtet euch selbst!

Energiewende

weg von selbstgerechtigkeit
hin zur barmherzigkeit

weg von selbstsicherheit
hin zu gottesvertrauen

weg von selbstgefälligkeit
hin zur gottesgefälligkeit

weg von selbstgenügsamkeit
hin zur nächstenliebe

weg von ängstlichkeit
hin zur hoffnung

raus aus verstrickung
leben aus erlösung

raus aus bedrückung
aufgerichtet in freiheit

raus aus selbstverausgabung
angeschlossen an gotteskraft

Buchhinweis:

Reihe: Gottes-Verdichtungen, Band 1

Gottes-Abstieg
Geistliche Gedichte
3. erweiterte Auflage 2017

ISBN 978-3-7392-0824-4

Reihe: Gottes-Verdichtungen, Band 2

Ich will leben
Gedichte die das Leben schrieb
1. Auflage 2017

ISBN 978-3-7431-2846-0